FORTIFICATION

ET

DÉFENSE DE LA FRONTIÈRE

FRANCO-ITALIENNE

PAR

UN OFFICIER FRANÇAIS

PARIS
LOUIS WESTHAUSSER, ÉDITEUR
10, RUE DE L'ABBAYE, 10
—
1888
Tous droits réservés

FORTIFICATION
ET
DÉFENSE DE LA FRONTIÈRE
FRANCO-ITALIENNE

ÉMILE COLIN — IMPRIMERIE DE LAGNY

FORTIFICATION

ET

DÉFENSE DE LA FRONTIÈRE

FRANCO-ITALIENNE

PAR

UN OFFICIER FRANÇAIS

PARIS
LOUIS WESTHAUSSER, ÉDITEUR
10, RUE DE L'ABBAYE, 10

1888
Tous droits réservés.

FORTIFICATION

ET

DÉFENSE DE LA FRONTIÈRE

FRANCO-ITALIENNE

―――――

I

D'après les géographes italiens les plus autorisés, — notamment d'après le capitaine Fogliani, auteur du Cours de Géographie stratégique adopté à l'Ecole militaire de Modène, — la *région italienne* se compose de trois parties bien distinctes, qui sont connues à Rome sous la triple désignation d'*Italie continentale*, d'*Italie péninsulaire* et d'*Italie insulaire*.

La dépression située sur les versants alpins qui regardent le Midi forme l'Italie continentale. Limitée au Nord par les Alpes centrales, elle est ceinturée, à l'orient et à l'occident, par les deux grands contreforts qui se détachent de la ligne de partage des eaux européennes, au Saint-Gothard et à la Maloggia; à l'orient, du côté de l'Autriche, les Alpes Rhétiques, Carniques, Juliennes; à l'ouest, du côté de la France, les Alpes Lépontiennes, Pennines, Grées, Cottiennes, Maritimes. Elle renferme non seulement le Piémont, la Lombardie, la Vénétie, mais aussi le Tyrol méridional et Trieste, la vallée supérieure du Tessin, l'ancien comté de Nice. « Le Var, a écrit il y a longtemps déjà un des plus savants historiens français, — M. Amédée Thierry, — forme la limite naturelle des régions françaises et italiennes ». Phrase malheureuse! On ne manque pas, de l'autre côté des monts, d'invoquer à la moindre occasion ce témoignage « autorisé ». La Savoie elle-même n'échappe pas aux revendications, platoniques encore, des géographes ultramontains ; car, si les uns considèrent qu'elle est située sur le versant extérieur des Alpes et l'excluent de la région italienne, d'autres, plus nombreux, ne veulent voir en elle qu'une vieille possession et le berceau traditionnel de l'antique maison de Piémont.

L'Italie continentale est prolongée vers le sud-est par les deux versants de l'Apennin, que se partageaient, avant 1860, le grand-duché de Toscane, les Etats Pontificaux et le royaume des Deux-Siciles. Ces deux versants, non compris la zone tributaire du Pô, constituent l'Italie péninsulaire.

Enfin, depuis la pointe méridionale de la Calabre jusqu'à l'entrée du golfe de Gênes, un groupe de trois îles importantes forme une sorte d'arc de cercle ou feston interrompu à ses extrémités, qui semblent s'appuyer sur la chaîne de l'Apennin, et largement ouvert en son milieu, dans la direction de l'Afrique. Ces îles sont la Sicile, la Sardaigne, la Corse. La Mer Tyrrhénienne, qui les baigne du côté de la terre ferme, constitue un véritable lac italien, lequel serait complètement fermé par les rivages de la Tunisie, où jadis Rome détruisit Carthage, où les Romains d'aujourd'hui rêvaient de fonder une colonie qu'ils ne se consolent pas de voir désormais entre les mains de la France.

II

Cette description sommaire suffit à prouver que l'Italie, peuplée de 30 millions environ d'habitants et rangée depuis vingt ans parmi les grandes puissances de l'Europe, est appelée par sa configuration géographique, par sa forte assiette sur le continent, par l'énorme développement de ses côtes, à participer aux grandes guerres continentales comme aux grandes guerres maritimes ; créée, pour ainsi dire, de toutes pièces avec une rapidité dont l'histoire offre peu d'exemples, elle a dû accroître parallèlement ses forces de terre et de mer. Ce devoir, il ne nous coûte pas de reconnaître qu'elle l'a rempli avec une ténacité, une suite, un patriotisme admirables. Et tous les jours encore elle continue à augmenter sa puissance, poussée irrésistiblement par le besoin de parfaire une unité qu'elle juge incomplète: en effet, le haut Tessin forme un canton suisse ; le Trentin et Trieste appartiennent à l'Autriche; la Corse, Nice et la Savoie ont été cédés à la France. Aux yeux des Italiens patriotes, ces démembrements partiels du territoire national ne peuvent et ne doivent être que momentanés !

Cette unité, bien qu'imparfaite, si elle est actuellement tout autre chose qu'une simple convention diplomatique, si, du nord au midi de la péninsule, les provinces différenciées par le climat, par les mœurs, par les goûts, par les traditions, ont pu se fondre comme dans le même creuset, cet important résultat, obtenu en quelques années, est dû aux institutions militaires. En Italie, aussi bien qu'en France, l'armée est la grande école de l'honneur où s'apprennent le dévouement au pays, le sacrifice de la vie individuelle, en même temps que l'art de vaincre les périls extérieurs et de satisfaire les aspirations nationales. Cet idéal de l'armée moralisatrice se réalise surtout chez les nations jeunes, grisées de succès, ambitieuses, au sein desquelles l'excès du bien-être matériel n'a pas exagéré l'égoïsme personnel ni affaibli le sentiment des obligations civiques au point de rendre insupportable la stricte observation des règlements les plus mitigés. Chez ces peuples, qui sentent leur force, comme dans l'âme des adolescents qui ont conscience de leur valeur, l'ambition n'est généralement pas un défaut; quand elle a pour objet la grandeur de la patrie, elle est la première des vertus. Mais un écueil se présente, que la partie la plus intelligente de la nation doit s'efforcer d'éviter: c'est que cette ambition, — si noble, si légitime, si respectable quand elle est bien dirigée, — ne s'applique à des chimères, ne s'engage sur une voie fausse et que, aveuglée par d'inexplicables rancunes, elle fasse méconnaître les véritables intérêts de l'État.

Ceci posé, pourquoi donc sommes-nous obligé de constater que l'opinion publique, en Italie, se montre tellement hostile à la France qu'aucun homme politique, même dans le parti le plus libéral, n'oserait afficher ouvertement, franchement, des sentiments gallophiles? La haine des Français ou l'indifférence à leur égard, il n'y a pas d'autre alternative, depuis dix-huit ans, pour un patriote italien. La cause avouée? L'occupation de Rome et Mentana ont détruit le souvenir de Magenta et de Solférino.

« Qu'importe, déclarent nos anciens compagnons d'armes, cette phraséologie des *Nations sœurs*, des affinités de races, du groupement des peuples d'origine latine, si notre sauvegarde nous oblige à craindre ces peuples et à les combattre? Conclut-on des alliances sentimentales, sous de spécieux prétextes historiques ou archéologiques? Fait-on la guerre pour d'autres motifs que l'intérêt ou le salut publics? La dette contractée en 1859, nous l'avons payée comptant par la cession de Nice et de la Savoie. Qu'on cesse donc de nous jeter à la tête notre prétendue ingratitude! Déliés de toute obligation de reconnaissance, nous avons, désormais, le droit de ne consulter que notre avantage particulier ».

En conséquence de cette théorie, peu chevaleresque, mais très soutenable, l'Italie vient de conclure contre la

France, avec l'Autriche et l'Allemagne, un double traité secret dont, à la date du 11 février dernier, la *Nouvelle Presse libre*, de Vienne, nous a révélé les principales conditions.

Le traité entre l'Autriche et l'Italie oblige la première de ces puissances à une neutralité « bienveillante » dans le cas d'une guerre entre l'Italie et la France; il oblige l'Italie à une attitude analogue en cas de guerre austro-russe. Enfin, l'Autriche s'engage à « favoriser de tout son pouvoir les intérêts italiens dans la Méditerranée ».

Le traité entre l'Italie et l'Allemagne déclare solennellement que ni l'une ni l'autre des deux parties contractantes ne rompra volontairement la paix. Dans le cas où l'une ou l'autre serait attaquée par la France, elles s'assisteraient réciproquement avec toutes leurs forces militaires. Une clause ajoutée au traité dispose que, dans le cas où la France et la Russie entreprendraient une guerre offensive commune contre l'Autriche et l'Allemagne, ou même contre l'Allemagne seule, les forces armées unies des trois puissances alliées entreraient en ligne.

La *Nouvelle Presse libre* ajoutait que ces traités sont complétés par des conventions spéciales entre l'Italie, l'Autriche et l'Angleterre, en vue de la protection des côtes de l'Autriche et de l'Italie contre le débarquement de troupes ennemies.

La publication officieuse de cette analyse d'un instrument diplomatique resté caché jusqu'alors et simplement suspecté, suivant de près la publication intégrale du traité austro-allemand et le discours à sensation prononcé par M. de Bismarck au Reichstag le 6 février précédent(1), produisit tout d'abord en France une sensation pénible; puis, après une prompte réflexion, l'opinion française cessa de s'en préoccuper.

C'est que, après avoir scruté les deux faces opposées de la question, il nous était impossible de comprendre ce que l'Italie gagnait réellement en s'inscrivant ainsi, de son plein gré, dans la coalition austro-allemande.

(1) — Cet important discours vient d'être publié *in-extenso* en une brochure par l'éditeur Louis Westhausser.

III

Si, comme règle de conduite individuelle, la morale de l'intérêt ne jouit pas de la faveur des philosophes spiritualistes, par contre, comme loi de la politique des nations, elle a été honorée et pratiquée par les plus célèbres hommes d'État. Là même où l'intérêt national cesse d'être le guide des gouvernements commence ce qu'on appelle vulgairement le « don quichottisme ». Pour ce qui nous concerne personnellement, nous adoptons volontiers ici les principes précités, en vertu desquels les Italiens doivent aller aujourd'hui vers ceux qui peuvent leur être utiles, sauf à recouvrer demain leur entière liberté d'action. Mais alors, ces principes admis, on ne comprend absolument plus pour quels motifs ils roulent des yeux féroces du côté de Paris, où personne ne songe à défaire leur unité, au lieu de regarder avec effroi du côté de Berlin.

Le péril qui les menace ne vient pas de l'Occident, il est à l'orient et au nord. C'est ce que démontre avec la plus nette évidence l'examen de leurs frontières continentales, infranchissables dans la partie française, ouvertes sur les confins de provinces suisses et autrichiennes qui tiennent la clef des Alpes ou le commerce de l'Adriatique, et qui risquent étrangement de tenter la convoitise des futurs Empereurs d'Allemagne.

La chaîne des Alpes, qui ceinture l'Italie du Nord, présente trois zones, que l'on distingue ordinairement sous les appellations suivantes :

1° Les Alpes occidentales, qui commencent au col de Cadibone, où les terrains calcaires de l'Apennin remplacent la formation granitique du soulèvement Alpin, et se terminent au massif du Saint-Gothard, après un développement de 715 kilomètres ;

2° Les Alpes centrales, qui font partie de la ligne du partage des eaux de l'Europe et s'étendent du Saint-Gothard à la Maloggia, sur une distance de 90 kilomètres ;

3° Les Alpes orientales, qui se développent entre la Maloggia et le mont Schneeberg ou Nevoso, origine des Alpes Dinariques, sur une longueur d'environ 800 kilomètres.

Le développement total de l'arc de cercle décrit autour des bassins du Pô, de l'Adige, de la Brenta, du Tagliamento, atteint 1,600 kilomètres. Depuis ses deux extrémités au centre, la chaîne va en s'étendant graduellement : la région comprise entre le Mont-Blanc et le Saint-Gothard renferme les plus hauts sommets de l'Europe. La largeur à la base, — l'*empâtement*, — augmente en même temps que l'altitude : il suffit de quatre à cinq jours de marche pour traverser les montagnes qui longent la rivière de Gênes ou les plaines orientales de la Vénétie ; les parties centrales ne peuvent être franchies qu'en douze jours, et même vingt jours, abstraction faite des obstacles artificiels dont il sera question plus loin. On voit donc que la valeur défensive des Alpes augmente des extrémités au centre, c'est-à-dire à la région couverte par les glaciers du Mont-Blanc, du Grand-Saint-Bernard, du Simplon, du Saint-Gothard, du Splügen.

La frontière française n'occupe pas, tant s'en faut, le périmètre de la chaîne. Commençant à quelques kilomètres au-dessous du col de Tende, sur le versant méditerranéen, elle se termine à l'est du massif du Mont-Blanc, au mont Grapillon. A partir de ce point jusqu'au massif de la Bernina, l'Italie est limitrophe de la Suisse, qui possède toute la ligne des crêtes et surtout la route ferrée du Saint-Gothard, ouverte, à l'instigation de l'Allemagne et aux frais de l'Italie, dans un but de domination militaire au moins autant qu'en vue de l'intérêt commercial. Les Italiens ont payé à eux seuls la moitié environ de la dépense, et ils se plaignent aujourd'hui de ne pas bénéficier du tunnel comme les Suisses et les Allemands ; résultat qui était à prévoir, la percée ne pouvant servir qu'au transit. Vient ensuite la frontière autrichienne, qui laisse plus d'une porte toute grande ouverte à l'invasion des anciens maîtres de la Lombardie.

Serait-ce cette menace perpétuelle d'une guerre désastreuse, cette sorte de tutelle géographique, dont le percement du grand tunnel a été la consécration, qui déterminent les Italiens à subir la suzeraineté allemande?

Du côté de la France, au contraire, on se demande ce qu'ils ont à redouter. Depuis le massif inabordable du Mont-Blanc jusqu'au col de la Madeleine, près des sources du Var, c'est-à-dire dans la zone la plus élevée et la moins accessible, la frontière suit très exactement la crête des Alpes ; au-delà de ce col, elle quitte les sommets de la chaîne, qui s'infléchit brusquement vers l'est, laisse tous les points culminants à l'Italie et se tient à une distance de cinq à dix kilomètres sur le versant français. Arrivée au droit du col de Tende, qu'elle n'entame pas, elle court normalement à la mer en avant d'un contrefort, celui du Mont-Fronte, qui barre complètement la rivière de Gênes.

IV

De ce qui précède il résulte que la première ligne de défense de l'Italie contre la France est la chaîne des Alpes occidentales. Les hautes montagnes qui séparent les deux pays ont été traversées de tout temps, même aux passages qui semblaient les plus impraticables, par des corps de troupes de toutes armes; mais on y trouve peu de routes que puissent suivre les grandes armées modernes et, spécialement, les énormes convois qui sont indispensables pour amener les vivres, les munitions et tout le matériel de siège. Il est vrai que plusieurs sentiers pourraient assez rapidement être mis en état de donner passage aux voitures en cas de guerre, entre autres ceux du Petit-Mont-Cenis, de la Roue, de l'Echelle, de Bousson, de Gimont, d'Abriès et de Fenestre. Ce sont les grandes routes qui passent aux principales dépressions de la chaîne que l'Italie s'est surtout appliquée à garder et à interdire à l'assaillant.

Si l'on tient compte des gros effectifs mis aujourd'hui

en ligne par les puissances belligérantes; on ne tarde pas à être persuadé qu'une armée française qui voudra traverser les Alpes devra s'avancer simultanément sur plusieurs routes; elle se divisera en colonnes de 50,000 à 60,000 hommes, qui seront séparées les unes des autres jusqu'aux débouchés dans la plaine du Pô. Le front d'opérations s'étendra du col du Petit-Saint-Bernard au col de Tende, et même jusqu'à Gênes, si la flotte française est maîtresse de la mer. Des détachements seront, sans doute, dirigés sur tous les cols; les routes que suivra le gros des forces dépendront des circonstances imprévues du moment. L'état-major aura à choisir entre deux directions et deux groupes de routes :

1° Les routes du Mont-Cenis et du Mont-Genèvre, et les chemins muletiers qui conduisent dans la vallée de la Dora Riparia : les voies ferrées de la Maurienne et de la Durance permettront d'amener les troupes jusqu'à la frontière même, quand le tronçon de Mont-Dauphin à Briançon sera achevé; quant au tunnel international, il faut supposer qu'il aura été mis hors de service, dès la déclaration de guerre, par l'un des deux partis;

2° Les routes si nombreuses des Alpes Maritimes, du col de l'Argentière au col de Cadibone, qui aboutissent sur la Stura, le Tanaro et les deux Bormida; c'est par ces dernières qu'à deux reprises différentes, en 1794 et en 1796, Bonaparte pénétra dans le bassin du Pô ;

Enfin, un ou deux corps pourront débarquer à Vado ou à Sestri et se porter dans le pays des Langhes, tout en se préoccupant de Gênes.

La défense des Alpes, depuis la crête jusqu'au débouché des vallées, est confiée, en Italie, aux *Compagnies alpines*; de plus, toutes les routes praticables aux voitures y sont commandées par des *forts d'arrêt*. De même, en France, de nombreux forts d'arrêt protègent les voies accessibles de la frontière montagneuse, et l'on y a confié depuis 1887, à l'imitation de nos voisins, la défense de nos contreforts à des *Chasseurs des Alpes* triés avec soin dans nos compagnies d'élite.

Les Compagnies alpines italiennes sont chargées de la

défense mobile des vallées supérieures des Alpes et de la surveillance des sentiers et des chemins y aboutissant. Elles sont recrutées avec le plus grand soin parmi les hommes nés au milieu des montagnes et habitués aux conditions spéciales du climat des pays alpestres. Tous les hommes sont exercés à la marche dans les montagnes, ce qui exige un long entraînement. Ils séjournent tout l'été dans les vallées qu'ils doivent défendre en temps de guerre; ils en connaissent toutes les positions et les moindres sentiers. Leurs officiers, choisis spécialement, explorent continuellement le pays, complètent et rectifient les cartes, apprennent à estimer le temps nécessaire pour franchir les distances dans les montagnes et à apprécier à leur juste valeur les difficultés qui, au premier abord, peuvent sembler insurmontables à un homme étranger au pays. Ce sont là d'excellentes troupes, très aptes à surveiller la frontière et à profiter des obstacles qu'on y trouve. Elles sont appelées à rendre à l'Italie de sérieux services.

Ce qui précède s'applique, en tous points, aux Chasseurs des Alpes français, avec cette différence qu'étant de création beaucoup plus récente leurs connaissances de topographie pratique, — pour les soldats du moins, — sont peut-être, aujourd'hui encore, un peu moins complètes. Mais l'instruction de leurs officiers est égale à celle de leurs adversaires italiens, ce qui rendrait la balance égale en cas de conflit.

Quant à ce qui concerne les forts d'arrêt, la configuration des Alpes occidentales est telle que la défense du versant italien ne peut se faire de la même manière que celle du versant français. Tandis que d'un côté les vallées sont longues et divergentes, de l'autre elles convergent toutes vers Turin et sont très courtes. Le système de navettes du maréchal de Berwick n'est donc plus praticable; il suffit aux Italiens de concentrer leur armée à Turin et de porter par les voies les plus courtes des forces suffisantes vers les points menacés, de manière à écraser les diverses colonnes de l'assaillant avant leur réunion. D'ailleurs, ils possèdent une ligne de rocade excellente avec routes et voies ferrées jusqu'au pied des montagnes, ce qui ne peut que favoriser leurs manœuvres par lignes intérieures. Les Compagnies alpines et les forts d'arrêt qui commandent les routes retarderont assez longtemps les colonnes ennemies pour permettre l'arrivée des renforts au débouché des vallées. Les défenses permanentes de première ligne ne consistent donc qu'en forts de barrage ; les Italiens ont renoncé à construire des places à proximité de la frontière de peur qu'elles ne soient investies dès le début des hostilités, qu'on ne soit privé de prime abord des ressources qu'elles renferment et qu'elles ne servent, ensuite, d'appui aux opérations de l'ennemi. C'est pour ces raisons qu'ils n'ont pas relevé les remparts de Coni et de Ceva.

Nous verrons plus loin que les conditions topographiques de la frontière française ont exigé un mode différent de défense, principalement celui de camps retranchés.

Nous allons successivement passer en revue les diverses routes conduisant de France en Italie, en même temps voir en quoi consistent les défenses que Français et Italiens viennent d'y créer ou d'y renforcer des deux côtés.

V

Ainsi que nous l'avons déjà fait remarquer, la chaîne des Alpes n'a pas la forme d'une muraille d'égale hauteur ; elle offre de nombreuses dépressions ou *cols*, qui mettent en communication plus ou moins facile et régulière les vallées des deux versants. Plus l'altitude de la dépression est faible, plus grande est l'importance du col, où le tracé d'une route carrossable devient plus aisé, où les neiges séjournent moins longtemps et déterminent moins d'avalanches au printemps, sous l'action du soleil.

Il existe sur la frontière franco-italienne cinq cols traversés par des routes assez bonnes pour livrer passage à une armée; mais les débouchés de chacun d'eux sont défendus par des ouvrages qui arrêteraient net, du côté français comme du côté italien, toute tentative d'invasion.

A partir de l'inaccessible massif du Mont-Blanc, les cols stratégiques de la chaîne se présentent dans l'ordre suivant:

1° *Le col du Petit-Saint-Bernard* (à l'altitude 2,192 m., un peu au-dessous du niveau des neiges persistantes, qui est à la cote 2,500 m.) relie la vallée de la Dora-Baltea à la vallée de l'Isère, et il est traversé par une excellente route qui d'Aoste, sur la Dora-Baltea, conduit à Moutiers en Tarentaise, dans la Haute-Savoie.

En France, la défense de ce col est le camp d'Albertville.

En Italie, la défense du col est le célèbre fort de Bard, qui faillit arrêter Bonaparte en 1800. Nous rappellerons plus loin le stratagème qui permit de transporter nuitamment l'artillerie sous les canons de la forteresse; si les défenseurs eussent fait bonne garde, la campagne de Marengo était manquée. Malheureusement, pareille ruse ne se renouvellerait plus, là où ailleurs, avec le même succès.

Le fort de Bard, situé sur un mamelon isolé, à un étranglement de la vallée de la Dora, barre la seule communication avec la plaine. Il se compose d'un quadrilatère irrégulier formé : 1° de bâtiments casematés à trois étages; 2° d'embrasures couronnant le mamelon de trois batteries casematées situées en avant et enfilant en amont la vallée. Ces ouvrages ne pourraient plus être tournés par le sentier d'Albard, qui est battu par une puissante artillerie; pour éviter les feux du fort, il faudrait faire un bien plus grand détour, quitter la Dora à Arnaz, franchir par un sentier difficile le col de la Fenêtre, à l'est du fort, et redescendre en aval à Pont-Saint-Martin. Pour contrebattre les feux des batteries casematées, il faudrait de l'artillerie de gros calibre.

Dans ces derniers temps, on a achevé la construction d'un nouveau fort sur la hauteur d'Albard, à l'est de la route.

En avant d'Ivrée, sur les anciennes moraines des glaciers qui remplissaient jadis la vallée, il existe une belle position où un corps d'armée serait avantageusement placé pour empêcher le débouché en plaine.

La route du Petit-Saint-Bernard, comme ligne d'opérations de France en Italie, est loin d'être directe ; elle décrit un long circuit. Le corps qui la suivrait, et qui serait de plus retardé par la résistance du fort de Bard, serait certainement prévenu à Ivrée par les forces italiennes amenées sur ce point par les voies de terre ou de fer.

2° Vient ensuite *le col du Mont-Cenis* (2,064 m. d'altitude), entre la vallée de l'Arc, affluent de l'Isère, et la vallée de la Dora-Riparia. La magnifique route qu'emprunte ce passage, et qui a été construite de 1802 à 1812, conduit de Turin et de Suze à Saint-Jean-de-Maurienne, Chambéry et Lyon.

Le col forme un vaste plateau, appartenant tout entier à l'Italie et où aboutit aussi le chemin muletier du Petit-Mont-Cenis, qui vient de Bramans. A l'extrémité orientale du plateau, à un endroit appelé la Grande-Croix, commencent les lacets de la descente qui se fait sur les versants de droite de la riante vallée de la Novalaise ; l'ancienne route, fort raide et qui n'est plus entretenue, descend au fond de cette même vallée et passe au bourg de Novalaise.

A Suze convergent également le chemin de fer international, qui a passé sous le tunnel de Fréjus, la route du Mont-Genèvre, qui vient de Briançon, et plusieurs chemins muletiers qui font communiquer la Maurienne et le Briançonnais avec la haute vallée de la Dora-Riparia. Le grand nombre de voies de communication donne à la haute vallée de la Dora une grande importance militaire.

Cette route est barrée du côté de la France par les forts de l'Esseillon, situés près de Lans-le-Bourg. Ils furent cédés avec la Savoie, en 1860.

Ces forts ayant été cédés ainsi d'une part, d'autre part le fort de la Brunette et les fortifications de Suze, qui maîtrisaient tous ces chemins, ayant été démolis en vertu du traité de paix qui suivit l'amnistie de Cherasco en 1796, la route du Mont-Cenis restait du côté de l'Italie sans autre défense que le fort du Chat, blockhaus sans valeur situé sur un mamelon au centre du plateau et au sud-est du lac. De plus, leur cession permettait de tourner le fort d'Exilles, situé en amont et défendant le chemin de fer international. Pour intercepter cette route importante, les Italiens ont construit récemment le fort de Variselle, à l'ouest de la Grande-Croix, la redoute de la Cassa, au centre, et le fort de la Ronche, sur les hauteurs au-dessus de l'hospice ; ce dernier enfile le sentier du Petit-Mont-Cenis, qui, du reste, sera commandé par un quatrième fort, actuellement en construction. Des routes conduisent à ces forts et les relient entre eux.

Ils peuvent être tournés, cependant, par le sentier du col Clapier, qui conduit de Bramans à Suze.

Au débouché de la route en plaine se trouve la forte position de Rivoli, qui couvre Turin.

Sur la partie opposée de la frontière, la France commande cette route non seulement par les forts de l'Esseillon, mais encore par le fort de Modane et par le camp retranché de Chamousset.

Après ce col, il convient de mentionner le chemin de fer international, ou communication souterraine établie par le tunnel du Mont-Cenis (12,233 mètres de longueur) entre les vallées ci-dessus nommées de l'Arc et de la Dora-Riparia. Le grand tunnel des Alpes n'est directement défendu par aucun ouvrage. « On cherchera sans doute à éviter la ruine complète de ce grand travail qui a coûté tant d'années et de millions, remarque à ce propos M. le commandant A. Marga ; mais on devrait combiner de chaque côté un système de mines dont les destructions demanderaient environ un an de réparations ». En Italie, une route carrossable mène de Suze à la sortie du tunnel ; elle est défendue par les forts d'Exilles et de Serre-la-Garde.

3° A 15 kilomètres au sud du tunnel on rencontre *le col du Mont-Genèvre* (1,875 mètres d'altitude), entre la vallée de la Durance et les vallées de la Dora-Riparia et du Chisone, lesquelles ont toutes deux leur origine au col même.

Ce passage, très fréquenté depuis les temps les plus anciens, possède une route sûre conduisant de Briançon à Turin par les deux vallées précitées.

Sur le versant français, le camp retranché de Briançon barre la route, et plus en arrière se trouvent les vieilles forteresses de Sisteron, Embrun et Mont-Dauphin.

Sur le versant italien, la vallée de la Dora-Riparia est fermée par le fort d'Exilles, et celle du Chisone par le fort de Fénestrelle.

Le fort d'Exilles, dans une situation analogue à celle du fort de Bard, occupant la crête d'un mamelon à flancs escarpés sur la rive gauche de la Dora, est situé à 28 kilomètres du col du Mont-Genèvre. Il se compose de bâtiments à l'épreuve, presque partout à trois étages de feux, entourant une cour oblongue. Du côté de Suze, c'est-à-dire à l'est, le bâtiment principal est précédé de deux batteries appelées *tenailles*. Du côté de l'ouest se trouve aussi une grande tenaille à trois étages de feux, puis une contregarde également casematée, enfin un grand glacis de 200 mètres de longueur. Le fort comporte 60 bouches à feu et 150 hommes de garnison. De l'angle nord-ouest du fort part une *coupure* qui le rattache à l'escarpement opposé, vers San-Colomban.

Le fortin de Serre-la-Garde, sur une hauteur dominant Exilles à l'ouest, comprend une tour casematée avec une plate-forme et vient d'être renforcé par la construction de casemates armées de pièces de fort calibre. Il est surtout destiné à interdire l'accès du chemin partant de Salbertrand et conduisant par San-Colomban à Chaumont et à Suze ; il occupe aussi un emplacement d'où l'assaillant pourrait contre-battre le fort d'Exilles.

Depuis 1882, les Italiens ont commencé deux nouveaux ouvrages en avant des deux qui précèdent : celui de Féniles, au sud d'Eclauses, sur la rive gauche de la Dora ; celui de Sappé, au-dessus d'un des tunnels du chemin de fer international, sur la rive droite.

L'occupation du col de l'Assiette, qui fait communiquer Exilles et Fenestrelle, et la destruction des fortins de Féniles, de Sappé et de Serre-la-Garde seraient les premières opérations de l'investissement et du siège d'Exilles. L'assiégeant pourrait ensuite s'établir sur le plateau de San-Colomban, comme Villars voulut le faire au commencement du siècle dernier ; mais l'ouvrage ferait, sans doute, une longue résistance. Il est probable, du reste, que les Italiens relèveraient en temps utile les célèbres retranchements de l'Assiette, qui couronnent une très solide position.

La forteresse de Fenestrelle, à 36 kilomètres du col du Mont-Genèvre, consiste, depuis sa réfection en 1737, en plusieurs forts étagés les uns au-dessus des autres sur la barre rocheuse de la rive gauche du Clusone. Sur le plateau supérieur se trouve le fort des Vallées, petit pentagone bastionné à tracé irrégulier, et sur le plateau inférieur le fort Saint-Charles, le plus grand de tous, avec ses casernes, ses magasins, son hôpital. A la partie supérieure du fort Saint-Charles un rocher conique est couronné par le fort des Trois-Dents. Les forts Saint-Charles et des Vallées communiquent par une double caponnière comprise entre deux parapets en maçonnerie et par une galerie souterraine établie le long du mur du côté de l'Italie. Deux paliers sont occupés par les redoutes des Portes et Sainte-Barbe, simples tours casematées. Ces défenses ont été complétées, en 1834, par de nouveaux ouvrages construits au-dessus du fort des Vallées jusqu'au Pré-Catinat, plateau où campa le maréchal Catinat en 1693 et d'où partout les sentiers des cols de la Fenêtre et d'Orsière ; ce sont la redoute du Belvédère, la redoute Saint-Antoine et le fort Saint-Elme. A la même époque on construisit, dans le but de mieux fermer le fond de la vallée, le fort Charles-Albert, sur un plateau à 50 mètres au-desssus du Clusone, et le fort de l'Eau que traverse la route. Ajoutons qu'il n'y a pas moins de 3,000 marches à gravir pour monter du fort de l'Eau, au fort Saint-Elme, soit 690 mètres de différence de niveau, ce qui donne une idée du développement de cette fortification, laquelle a coûté des sommes énormes. La garnison normale de la forteresse est de 1,500 hommes, et l'armement de 140 bouches à feu.

Cette position, imprenable de vive force, exigerait un siège en règle qui ne pourrait être entrepris que pendant quatre ou cinq mois de l'année. Pour la renforcer encore, les Italiens ont le projet de construire un nouvel ouvrage sur l'emplacement de l'ancienne redoute d'Adorno, sur la rive droite du Clusone.

La première opération du siège de cette forteresse sera l'occupation des cols des contreforts de l'Assiette et de l'Albergian, de manière à surveiller les vallées voisines et à compléter l'investissement ; l'assaillant pourra ensuite amener du canon de gros calibre sur les points accessibles des deux versants de la vallée et sur le Pré-Catinat, de façon à combattre les ouvrages.

4° Le quatrième col, traversé par une voie carrossable, est *le col de l'Argentière* ou *de la Madeleine* (2,019 mètres d'altitude), entre la vallée de la Stura, affluent du Tanaro, et la vallée de l'Ubaye, affluent de la Durance. Il possède une route qui mène de Barcelonnette à Cuneo.

Les défenses françaises sont le fort de Tournoux et, plus en arrière, le fort Saint-Vincent.

Les défenses italiennes sont la place de Vinadio et le fort construit au Pas del-Mulo (2.567 m.), pour surveiller le sentier d'un col voisin de celui de l'Argentière, celui de la Maira, qui permettrait de tourner la position de Vinadio.

Les ouvrages de Vinadio, situés à 30 kilomètres du col de l'Argentière, se composent de trois fronts bastionnés en ligne droite, tournés vers l'amont et barrant la vallée de la Stura entre les escarpements et la rivière ; ces fronts sont précédés d'un fossé et sont fermés de deux étages de casemates, l'un pour l'infanterie, l'autre pour l'artillerie. Aucun point n'est laissé à ciel ouvert, à cause de la difficulté du défilement. Sur un mamelon rocheux et escarpé, qui surgit au nord, se trouve un grand bâtiment crénelé, appelé le Château. La ville est ouverte du côté de l'Italie, mais elle est battue de tous côtés par les créneaux des casemates. Au sud existe une grande caserne comprise dans une enceinte basse, fermée du côté d'aval par un mur crénelé et du côté de la Stura par un front bastionné.

On a construit dernièrement deux nouveaux ouvrages, armés de pièces de fort calibre : la tour de Nighins, au nord-est, et la tour de Prato-Lungo, au sud-ouest de la ville. Leur but est de dominer les hauteurs de Piu-Severan, situées en avant de Vinadio, de l'autre côté du profond ravin protégeant les abords de la place et où l'assaillant pourrait amener de l'artillerie après quelques travaux.

Comme nous venons de le dire, Vinadio barre bien la grande route, mais cette forteresse peut être tournée au nord par divers chemins muletiers ; ce n'est pas le blockhaus du Pas del-Mulo qui, jusqu'à présent, empêchera un pareil résultat de la part de l'ennemi.

5° Pour trouver le passage suivant, il faut aller à 60 kilomètres plus loin, au *col de Tende* (1,877 m. d'altitude), qui relie les vallées de la Roja et de la Stura et possède une route commode, fort ancienne, — puisqu'elle remonterait aux Phéniciens, 1.000 ans avant J.-C., — laquelle conduit de Nice à Turin.

Cette route est défendue en France par le fort de Barbonnet, à Sospelle, armé de coupoles cuirassées tournantes, et par le camp retranché de Nice, dont la construction est terminée depuis peu.

En Italie, les ouvrages de défense consistent en une grande caserne défensive, située au-dessus du tunnel de la route (le col est franchi en souterrain), et en quatre fortins battant l'accès de ce tunnel : les forts de Piernant, de Margheria, de Giaura et de Papin.

Les forts de Tende ne pourraient être tournés qu'à grande distance par des sentiers difficiles ; du reste, la position en elle-même est très forte, par suite de la raideur du versant sud. Le col une fois perdu et le fort pris, les Italiens pourraient encore défendre les positions de Limone, celles de Vernante et le défilé de Roccavione en avant de Borgo-San-Dalmazzo.

Sur la route du col de Tende s'embranchent à San-Dalmazzo-di-Tenda le sentier du col de Tanarello, qui conduit sur le haut Tanaro, et celui du col Ardente, qui descend la Taggia. Les Italiens ne peuvent communiquer de la haute Roja avec le littoral qu'à dos de mulet, car le chemin de Breglio à Vintimille n'est encore que muletier entre Breglio et la frontière, le gouvernement français s'opposant à la construction de cette route sur son territoire.

La route du col de Tende conduit à Nice en coupant la vallée de la Roja et en descendant celle du Paillon; elle laisse donc à l'ouest le camp retranché qui défend l'entrée de la Provence. Toutefois, il ne serait pas impossible de tourner ce camp par la vallée de la Vésubie, affluent du Var. Près des sources de cette rivière, à cinq kilomètres de la frontière et à dix kilomètres du col de Tende, s'élève le mont Clapier (3,018 m. d'altitude), sur les plateaux duquel le génie italien a construit des forts et hissé de gros canons, comme pour en faire la base d'opération d'une armée qui chercherait à envelopper Nice par le nord-ouest. En ce point de la chaîne, plusieurs routes carrossables s'élèvent très haut sur le versant septentrional. Pour protéger la vallée de la Vésubie, l'état-major français a décidé de fortifier une autre montagne plate, l'Authion, située, on dirait tout exprès, juste en face du mont Clapier; son altitude, inférieure à celle du Clapier, est cependant très élevée (environ 2.500 m.). Aucun chemin ne conduit de l'Authion à la frontière; on a voulu rendre ce solitaire complètement inaccessible; mais il est clair que sa valeur défensive sera nulle si l'ennemi parvient à le tourner.

Indépendamment des cinq cols stratégiques qui précèdent, nous rencontrons encore les cinq autres passages suivants:

1° *La route de la Corniche*, qui conduit de Nice à Gênes, le long de la côte.

Le camp retranché de Nice la défend en France. En Italie, la route n'est barrée que par la petite forteresse de Vintimille, située sur la rive droite de la Roja, tout près de la frontière; ses ouvrages consistent en un vieux château, dont les maçonneries sont vues de toutes parts, et en un fort plus récent, au sud du premier. Mais le terrain suffit, par sa structure même, à la défense de la position.

La chaîne des Alpes, prolongée à partir du col de Cadibone ou d'Altare par la chaîne de l'Apennin, longe la Méditerranée depuis le méridien de Nice à celui de Gênes, s'en rapproche insensiblement jusqu'à une distance de quatre à cinq kilomètres, et jette un grand nombre de contreforts jusqu'au rivage. Ces contreforts sont autant de barrières naturelles qui s'opposeraient à une invasion française en Italie et qui, défendues par de bonnes troupes de montagne, devraient être considérées comme infranchissables. C'est, d'abord, le chaînon qui se détache au col de Tende et court parallèlement à la frontière jusqu'à Vintimille ; puis un autre chaînon, plus important, qui descend du mont Fronte et rejoint la mer entre Vintimille et San-Remo ; un quatrième, un cinquième et un sixième qui, du même massif, se dirigent sur Porto-Maurizio, Andora et Albenga ; une foule d'autres encore, avant d'arriver à Gênes. Tout ce pays n'est qu'une succession de ravins à pentes rapides vers la mer.

2° Au lieu de s'engager dans un pareil couloir, l'armée envahissante chercherait-elle un passage sur sa gauche pour se jeter dans les plaines du Piémont? Elle trouverait d'abord *le col de Nava* (960 m. d'altitude), entre les vallées de l'Aroscia et du Tanaro. Deux routes y conduisent depuis Oneglia et Albenga ; mais les ouvrages de barrage, composés des trois forts de la Neve, de Richelmo et de Possanghi, qui dominent la route, et d'une grande coupure appuyée à une batterie appelée Chiusa-di-Nava, empêcheraient de passer.

3° Plus loin, entre les mêmes vallées, se rencontre *le col de San-Bernardo* (1.600 m. d'altitude), que traverse la route d'Albenga à Garessio, Ceva et Mondovi ; cette route est barrée à Zuccarello. Il y existe un fort supérieur et un fort inférieur, avec une coupure sur le torrent formé par la Neva et sur la route ; cette coupure est appelée Chiusa-di-Zuccarello.

4° Vient ensuite *le col de Settepani*, traversé par la route qui conduit de Finale-Marina dans la vallée de la Bormida occidentale. Elle est également barrée par un fort en construction sur le mont Settepani, et par trois autres ouvrages commencés au Melogno.

5° Enfin, à la limite des Alpes et de l'Apennin, au *col de Cadibone* (500 mètres d'altitude), passe la grande route de Savone à Acqui et Alexandrie ; elle franchit le col en tunnel, et c'est sur ce point que le passage est fermé par le fort d'Altare, composé de deux ouvrages couronnant deux mamelons et reliés l'un à l'autre par une vaste enceinte. Mais ces ouvrages sont dominés des hauteurs situées au-dessus du chemin de fer, notamment du Monte-Negino. La place maritime de Vado défend en outre l'accès de ce débouché, en même temps que la route de la Corniche.

De même que les précédentes, les routes de l'Apennin Ligurien conduisent de la rivière de Gênes dans le bassin du Pô ; mais elles sont bien éloignées de la frontière, et les Italiens n'ont pas encore jugé nécessaire d'y créer une défense. La grande place de Gênes commande les plus importantes. Dans ces derniers temps, on a parlé de créer des ouvrages au col de Masone, pour relier Gênes à Alexandrie. Du reste, une armée française ne peut pas s'étendre jusqu'à Gênes, le long de l'étroite bande de terre que forment les rivages de la rivière du Ponent, parce qu'elle s'exposerait à être coupée en deux. C'est ce qui arriva au début de la campagne de 1800 ; Suchet fut rejeté sur Nice, et Masséna dans Gênes.

Les cinq dernières routes que nous venons d'énumérer s'embranchent sur la route de la Corniche, qui suit la côte ; elles passent à des cols très bas, surtout les dernières, et forment avec tous les sentiers intermédiaires une ligne d'opérations qui présente de grands avantages aux armées françaises pour pénétrer dans le bassin supérieur du Pô, surtout si les flottes françaises sont maîtresses de la mer. La ligne Carcare-Ceva-Mondovi une fois percée en un de ces points, les troupes de la défense se trouveraient coupées en deux, comme les Sardes le furent des Autrichiens en 1796. Les longs contreforts boisés qui s'étendent au nord entre les Bormida et le Tanaro divisent la défense et l'exposent à ce danger. Les forts d'arrêt que les Italiens viennent de construire ont pour but d'empêcher ou, du moins, d'entraver un pareil mouvement de l'assaillant.

VI

Cette description de la frontière serait insuffisante si nous omettions de mentionner quelques-uns des nombreux chemins muletiers qui la traversent ou qui conduisent à la ligne de faîte. Nous avons eu l'occasion déjà d'en indiquer plusieurs; mais il nous paraît bon de compléter cette énumération. On reconnaîtra que, sous le rapport de ces voies de communication, véritablement facilitantes pour des troupes légères, munies de pièces de montagne, le versant italien est beaucoup mieux pourvu que le versant français.

Dans les Alpes Grées, qui s'étendent du Mont-Blanc au mont Iseran (4,045 mètres d'altitude) sur un développement de 70 kilomètres, on trouve le sentier de l'Allée-Blanche et du val Ferret, qui longe le massif entier du Mont-Blanc depuis le col de Ferret (frontière suisse) jusqu'au col de la Seigne (frontière française); par ce dernier col le sentier gagne le col du Bonhomme, puis la route de Sallanches, Bonneville et Annecy, tournant ainsi le camp retranché d'Albertville. Les Italiens ont eu soin de relier ce sentier à la grande route du Petit-Saint-Bernard par l'embranchement carrossable de Courmayeur.

Dans les Alpes Cottiennes, qui vont du mont Iseran au mont Viso (3,840 mètres d'altitude), sur un parcours de 190 kilomètres, il faut noter :

1° Le sentier du col Clapier, qui conduit de Suze à Modane en tournant Lans-le-Bourg ;

2° Les deux sentiers du col Fréjus, situés par-dessus le tunnel du Mont-Cenis, et qui permettent de tourner Modane ;

3° Les sentiers des cols d'Abriès, de la Croix, du mont Viso et d'Agnello (2,796 mètres d'altitude), qui conduisent d'Italie dans la vallée du Guil, affluent de la Durance, et sont barrés par le fort de Queyras et la vieille place de Montdauphin.

Ces mêmes sentiers, que l'on atteint sur l'un et sur l'autre versant par des routes carrossables poussées très haut dans la montagne, permettraient aux troupes françaises de tourner Fénestrelle, et même Pignerol, et de déboucher dans la vallée du Pô à quinze lieues de Turin ; mais on ne doit pas perdre de vue qu'il ne s'agit ici que de troupes équipées et armées à la légère. Entre le mont Genèvre et le mont Viso, que relie sur le versant français un sentier tracé près de la ligne des crêtes, une diversion heureuse pourra être faite, des combats brillants pourront être livrés entre les bataillons alpins des deux nations ; mais ce ne sera jamais qu'une diversion et, maîtres des cols, nos chasseurs à pied auront fait une trouée sans grande importance, parce qu'elle ne suffira pas à livrer passage au gros de l'armée. Pareilles observations s'appliquent aux tentatives d'invasion des Italiens par les chemins muletiers qui leur semblent les plus favorables ; elle est d'autant plus juste que, le versant italien étant beaucoup plus rapide que le versant français, une invasion française, si elle était possible, se trouverait tout de suite arrivée dans la plaine du Pô, tandis qu'une invasion italienne devrait s'engager dans le dédale inextricable des vallées qui couvrent le Dauphiné et la Provence.

VII

En résumé, les cols traversés par des chemins muletiers sont naturellement impraticables pour une armée d'invasion cherchant à passer d'Italie en France ou de France en Italie ; les cols à route carrossable sont absolument barrés par des défenses artificielles, situées soit au col même, soit à une certaine distance dans les vallées profondes qui descendent de la chaîne principale. Pour définir, sans entrer dans des détails techniques dont la place n'est point ici, la valeur de ces ouvrages établis, sans exception, en des *points obligés* du parcours de l'armée envahissante, en d'autres termes impossibles à tourner, nous ne pouvons mieux faire que de rappeler quel rôle considérable a joué le fort de Bard dans la campagne de 1800.

L'armée française était engagée depuis cinq jours (14 mai) sur le dangereux sentier du col du Grand-Saint-Bernard. L'avant-garde marchait sur Aoste, en suivant une vallée qui allait en s'élargissant, « et montrait, a ra-
« conté M. Thiers, aux yeux charmés de nos soldats des
« habitations, des arbres, des champs cultivés, tous les
« avant-coureurs, en un mot, de la fertilité italienne. Ces
« braves gens marchaient tout joyeux lorsque la vallée, se
« resserrant de nouveau, leur présenta une gorge étroite,
« fermée par un fort hérissé de canons. C'était le fort de
« Bard...

« Cette nouvelle, répandue dans la division, y causa la
« plus pénible surprise. Voici qu'elle était la nature de
« cet obstacle imprévu. La vallée d'Aoste est parcourue
« par une rivière qui descend du Saint-Bernard et qui,
« sous le nom de Dora-Baltea, va se jeter dans le Pô. En
« approchant de Bard, la vallée se resserre ; la route, cou-
« rant entre le pied des montagnes et le lit de la rivière,
« devient successivement plus étroite ; et enfin un rocher,
« qui semble tombé des hauteurs voisines au milieu de la
« vallée, la ferme presque entièrement... Sur le som-
« met du rocher, un fort imprenable par sa position,
« quoique mal construit, embrasse de ses feux à droite
« le cours de la Dora Baltea, à gauche la rue allongée
« qui forme la très petite ville de Bard. Des ponts-levis
« fermaient l'entrée et la sortie de cette unique rue. Une
« garnison peu nombreuse, mais bien commandée, occu-
« pait le fort.

« Lannes lança sur le champ quelques compagnies de
« grenadiers, qui abattirent les pont-levis et entrèrent
« dans Bard, malgré un feu très vif. Le commandant du
« fort fit vomir une multitude de boulets, et surtout d'obus,
« sur ce malheureux bourg ; mais enfin il s'arrêta, par
« égard pour les habitants. La division Lannes stationna
« en dehors. Il était évident qu'on ne pouvait pas, sous le

« feu du fort qui atteignait la route dans tous les sens,
« faire passer le matériel d'une armée. Lannes fit aussitôt
« son rapport à Berthier, qui se hâta d'arriver et reconnut
« avec effroi combien était difficile à vaincre l'obstacle qui
« venait de se révéler tout à coup. Le général Marescot fut
« mandé. Il examina le fort et le déclara presque impre-
« nable, non à cause de sa construction, qui était médio-
« cre, mais de sa position, qui était entièrement isolée... »

Il n'y avait donc point d'espoir de prendre le fort, et il fallait songer à un autre moyen de franchir l'obstacle. « On fit des reconnaissances sur la gauche, le long des
« sinuosités de la montagne d'Albaredo, et on trouva en-
« fin un sentier qui, à travers beaucoup de dangers, beau-
« coup plus que n'en avait présentés le Saint-Bernard lui-
« même, venait rejoindre la grande route de la vallée au-
« dessous du fort, à Saint-Donaz... S'il fallait passer ce
« ce nouveau col en démontant et remontant encore une
« fois l'artillerie et en la traînant avec des efforts sem-
« blables, les bras de l'armée pouvaient ne pas y suffire,
« et ce matériel tant de fois remanié pouvait bien aussi
« n'être pas en état de servir. Berthier, effrayé, donna
« contre-ordre sur-le-champ aux colonnes qui arrivaient
« successivement, fit suspendre partout la marche des
« hommes et du matériel, pour ne pas laisser engager
« l'armée davantage si elle devait finir par rétrograder. En
« un instant l'alarme se répandit sur les derrières, et on
« se crut arrêté dans cette glorieuse entreprise ».

L'annonce de cet obstacle jugé insurmontable causa au Premier Consul, relate encore M. Thiers, « une espèce de saisissement ». Il était encore à Martigny, dans le Valais, et se décida à passer les monts de sa personne. Le 21, il arriva devant Bard et reconnut qu'on ne l'avait pas trompé. « On était en possession de la seule rue composant le
« bourg, mais à la condition de la traverser sous une telle
« pluie de feux qu'il n'y avait guère moyen de passer avec
« un matériel d'artillerie, le trajet ne fût-il que de deux
« ou trois cents toises ». La force fut employée de nou-
veau, mais sans aucun succès, pour se rendre maître du passage pendant que l'infanterie et la cavalerie le tour-

naient par le sentier d'Albaredo, homme à homme, les cavaliers menant leurs chevaux par la bride.

Le commandant du fort de Bard voyait ainsi défiler l'armée sans pouvoir arrêter sa marche ; mais il répondait sur sa tête au général Mélas « qu'elle arriverait sans une seule pièce de canon ».

En effet, toutes les ruses essayées pour faire passer l'artillerie avaient été déjouées par l'officier autrichien lorsqu'on imagina l'ingénieux moyen que voici : « On couvrit
« la rue de paille et de fumier ; on disposa des étoupes
« autour des pièces, de manière à empêcher le moindre
« retentissement de ces masses de métal sur leurs affûts ;
« on les détela, et de courageux artilleurs, les traînant à
« bras, se hasardèrent à les passer (de nuit) sous les batte-
« ries du fort, le long de la rue de Bard. Ce moyen leur
« réussit parfaitement..... Bientôt toute la grosse artille-
« rie se trouva transportée au-delà du défilé, et ce redou-
« table obstacle, qui avait donné au Premier Consul plus
« soucis que le Saint-Bernard lui-même, se trouva vaincu ».
Mais il ne le fut, en définitive, que par une cause tout à fait secondaire et fortuite, dont le retour n'est plus à prévoir avec l'emploi permanent de la lumière électrique.

VIII

La barrière des Alpes une fois franchie, les armées françaises auront sans doute à livrer une grande bataille à l'armée italienne concentrée soit vers Turin soit vers Alexandrie, suivant que le passage du gros des troupes se sera effectué par les cols de la vallée de la Dora-Riparia ou par ceux des Alpes-Maritimes. C'est à cette époque que les positions du Mont-Ferrat pourront jouer un rôle, celui de seconde ligne de défense de l'Italie, au pied de sa frontière : elles séparent la haute plaine du Pô de celle d'Alexandrie ; en particulier, après une défaite sous Turin, les troupes italiennes pourront venir s'y établir et retarder la marche de l'assaillant.

Les obstacles que rencontrerait ensuite l'invasion française constituent la troisième ligne de défense de l'Italie, c'est-à-dire les affluents du Pô, le Pô lui-même et surtout la ligne formée par le cours du Tessin, le défilé de Stradella et le contrefort du mont Antola : mais cette ligne, si intéressante qu'elle soit à étudier au point de vue stratégique, d'autant plus que depuis l'antiquité jusqu'à nos jours les armées qui pénétrèrent de France en Italie ont toujours été arrêtées par cet obstacle, est en dehors des limites que nous avons dû nous imposer d'une façon stricte. A plus forte raison la quatrième ligne, celle du Pô, au-delà de laquelle il ne resterait plus pour fermer l'entrée de la péninsule que la ligne de l'Apennin toscan, nous demeure interdite.

La défense d'un Etat consiste, comme on le sait, dans le bon emploi de tous ses moyens d'action : forces de terre et de mer, chemins de fer, places fortes. Les dispositions à prendre dépendent essentiellement de la configuration géographique et de la structure topographique du sol, de la nature des frontières qui séparent le pays des Etats limitrophes et de la puissance de ces derniers. Les anciennes places fortes, qui ont pu jouer jadis un grand rôle, n'ont souvent plus de valeur. Les conditions politiques et stratégiques étant modifiées, leur position ne répond souvent plus aux exigences nouvelles. C'est ainsi qu'Alexandrie entre les mains des Italiens est loin d'avoir une importance égale à celle qu'elle avait sous les puissances qui ont élevé ses fortifications: aussi plusieurs écrivains militaires de l'Italie en ont-ils demandé le déclassement. Pourtant, elle commande un important nœud de communication : située sur la rive droite du Tanaro, un peu en amont du confluent de la Bormida, se trouvant presque au débouché des routes qui franchissent les Alpes Maritimes et l'Apennin Ligurien, cette place serait le premier objectif d'une armée française qui s'avancerait par la Corniche.

Les fortifications d'Alexandrie consistent en une enceinte partie revêtue et partie en terre, d'un assez fort relief, avec de bons fossés ; la citadelle, élevée sur la rive gauche du Tanaro en 1728, a été laissée à peu près dans l'état où Napoléon la mit au commencement du siècle. Le barrage du pont permet d'inonder la plaine et les abords de la place. Au nord, et à 200 ou 300 mètres de la citadelle, les ouvrages de Valenza forment une double-couronne avec demi-lune ; à l'ouest et au sud, trois ou quatre lunettes s'élèvent au pied même des glacis. En avant de la Bormida, c'est-à-dire couvrant la ville à l'est, le fort du même nom forme tête de pont : au sud de la ville, et à 1,000 ou 1,500 mètres de l'enceinte, s'élèvent les deux forts du Chemin-de-Fer et d'Acqui.

Cette place, avec les fortifications de Casale sur le Pô, est très forte contre les attaques venant de l'Est ; elle sera encore plus forte si les têtes de pont de Valenza, de Monti et de Bassignano, qui ne sont que projetées, sont jamais construites : c'était, en un mot, une très bonne base d'opérations pour les Piémontais contre l'Autriche quand cette dernière puissance possédait le Milanais. Mais elle est beaucoup moins bien située contre une attaque venant de l'Ouest, c'est-à-dire de la France : de ce côté-là, elle pourrait être bloquée comme Metz l'a été en 1870, dès le commencement des hostilités. Elle a été tournée en 1800 par le Saint-Bernard et la Dora-Baltea ; elle pourrait l'être également par des troupes venant de la rivière de Gênes, mais plus difficilement. Jusqu'à présent, les Italiens se sont contentés d'y conserver les ouvrages existants ; aujourd'hui, leur dérasement serait pour eux plutôt profitable que nuisible.

L'enceinte de Casale, sur la rive droite du Pô, et en fort mauvais état, est précédée de deux couronnes, celle des Orties à l'ouest et celle de la Citadelle au sud ; cette dernière est simplement la moitié conservée de l'ancienne citadelle. De plus, sur les hauteurs au sud-ouest existent une tour, appelée tour Goujon, et une batterie basse ; mais ces ouvrages sont dominés. Sur la rive gauche du fleuve, la tête du pont ne comprend qu'un réduit précédé à 200 mètres seulement de quatre petites lunettes, ce qui serait tout à fait insuffisant pour protéger le pont du chemin de fer et celui de la route.

Située seulement à 30 kilomètres d'Alexandrie, Casale n'est qu'une dépendance de cette place, à laquelle il a été question de la relier. Elle commande également un point de passage important sur le Pô. La Commission de défense avait demandé l'abandon et la démolition des ouvrages situés sur la rive droite du Pô, qui, une fois aux mains de l'ennemi, pourraient lui servir de base dans ses opérations contre Alexandrie; mais les Italiens n'ont pas encore le courage de se résoudre à ce mince sacrifice, pourtant nécessaire.

IX

Si les armées françaises, appuyées sur une flotte, voulaient déboucher par les routes des Alpes de Ligurie, il leur faudrait forcément entreprendre le siège ou le blocus de Gênes, qui est au point de départ des trois routes et de la voie ferrée des cols de la Bocchetta, de Giovi et de la Scoffera. La prise de cette place exercerait une influence puissante sur la marche des événements dans le bassin du Pô; elle fournirait à l'assaillant une excellente base pour ses opérations contre Alexandrie, contre Plaisance ou contre la Spezia.

Sise au pied de l'Apennin Ligurien, Gênes constitue le port de commerce le plus important du royaume, et sa population atteint un chiffre de 140,000 habitants. Le port actuel n'est ni assez vaste ni assez sûr; il est protégé par deux môles, le vieux à l'est, le neuf à l'ouest : les quais sont séparés de la ville par un mur d'enceinte aussi gênant que laid. Le port a été amélioré et les môles ont été prolongés récemment grâce aux magnifiques libéralités posthumes du duc de Galiera, qui déjà, de son vivant, avait fait don à sa ville natale d'une somme de vingt millions de francs.

Les défenses de Gênes du côté de la mer, insuffisantes,

ne pourraient pas garantir la ville d'un bombardement exécuté par une flotte ennemie, car la baie, au fond de laquelle s'ouvre le port, est très large et n'est couverte par aucune pointe, par aucune île qui se prête à l'établissement de batteries. Elles viennent, pourtant, d'être transformées et armées de pièces de fort calibre ; elles comprennent :

1° La grande batterie en fer à cheval de la pointe de la Lanterne, à deux étages de feux, qui domine toute la côte occidentale ;

2° Deux batteries au pied des casernes de San-Benigno, battant l'entrée et l'intérieur du port, qui viennent d'être réorganisées ;

3° La batterie de l'esplanade de San-Benigno, venant d'être réarmée ;

4° Les deux batteries du môle neuf ;

5° Les trois batteries du môle vieux ;

6° La nouvelle batterie de la Cava, en terre, pour sept pièces de 24°, qui remplace une batterie de construction ancienne établie dans le bastion du même nom ;

7° La batterie de la Strega, sur un terre-plein bas, pour douze pièces ;

8° La batterie du Bisagno, occupant l'angle de l'ancienne enceinte et qui vient d'être reconstruite ; de même que les deux précédentes, elle domine la mer à l'est de l'entrée du port.

Du côté de terre, les défenses sont anciennes, mais sérieuses ; l'assiette de la fortification est excellente. La ville se trouve construite en amphithéâtre au fond d'un vaste bassin naturel, encadré par deux longues crêtes qui se soudent à un piton abrupt coté 520. La chaîne se continue ensuite au nord en augmentant de hauteur et se prolonge jusqu'à la ligne de faîte des Apennins. C'est ce contrefort qui sépare la vallée de la Polcevera de celle du Bisagno. Le chemin de fer, qui longe la côte, traverse la crête située à l'ouest de la ville au tunnel de San-Lazzaro, qui est long de 700 mètres, puis il passe sous la ville elle-même dans un tunnel courbe de 2,300 mètres. On construit une ligne sous tunnel qui doublera le chemin de fer actuel. Cette position, naturellement forte, est protégée sur ses flancs par de profondes vallées aux versants rocheux et n'est abordable à son saillant que par une étroite crête.

La ville est entourée d'un ancien rempart revêtu et bastionné, abandonné depuis 1848, et qui n'avait pas grande valeur. La véritable enceinte couronne les crêtes des deux contreforts qui englobent la ville ; elle fut construite avec beaucoup d'art, de 1600 à 1634, par des ingénieurs italiens qui surent très bien la plier au terrain et ne reculèrent pas devant le développement de 11 kilomètres qu'il fallut lui donner. Le profil général de cette enceinte, qui comprend 49 fronts bastionnés plus ou moins réguliers, consiste en une escarpe de 8 à 10 mètres, surmontée d'un mur à bahut et précédée d'un fossé de 10 à 15 mètres de largeur avec contrescarpe de 3 mètres taillée dans le roc. Dans les endroits où la pente du terrain le permettait, on a installé des parapets et des plates-formes pour l'artillerie. De distance en distance, cette enceinte est renforcée par des forts renfermant des casernes. Au nord, le fort de l'Éperon (Sperone) est la clef de la position. Sur la branche occidentale s'étagent le fort Begato, le fort de Croceta et la lunette du Belvédère ; cette dernière, qui est complètement détachée, occupe un petit plateau d'où l'on domine la vallée de la Polcevera dans une partie qui échappe aux vues de l'enceinte. Sur la branche orientale, le fort Castellaccio occupe une vaste plate-forme inclinée : plus au sud, l'enceinte est tracée en plaine le long de Bisagno et se compose alors de fronts terrassés précédés de contre-gardes et de demi-lunes.

En avant de cette enceinte existent un grand nombre d'ouvrages détachés, les uns datant du commencement du siècle dernier, les autres ébauchés lors du siège de 1800, enfin les plus récents achevés de 1820 à 1840. Beaucoup ne sont que de simples tours en maçonnerie couronnant des sommets rocheux et abrupts ; mais tous occupent des positions parfaitement choisies et d'accès difficile. Leur défaut principal, qu'ils partagent avec l'enceinte, est que leurs maçonneries sont vues du haut en bas; mais il serait très pénible d'amener de l'artillerie dans des conditions convenables pour les combattre. Ces ouvrages sont :

Au nord : le fort du Diamant, caserne défensive à deux étages, située sur un piton rocheux à la cote 650; le Frère mineur et le Frère majeur, tours défensives situées sur la crête à 600 mètres en arrière du précédent; le Puin, tour carrée à deux étages, qui barre l'arête à 800 mètres en avant de l'Eperon.

A l'est : le fort de Monte-Rati, à 4,500 mètres de la place, couronnant le nœud du massif compris entre le Bisagno et la Sturla, ouvrage important construit en 1835, avec un front de 350 mètres de développement, et clef du système de défense de ce côté ; le fort Quezzi, à l'extrémité d'une crête qui part du Monte-Rati, battant les pentes de la vallée du Bisagno, et auquel une petite tour assure les communications entre Quezzi et Monte-Rati; le fort Richelieu, à l'extrémité d'un autre contrefort qui part du Monte-Rati, voyant bien la vallée de la Sturla ; le fort de Sainte-Thècle, fermant la trouée entre le fort Richelieu et la côte; le fort de Saint-Martin d'Albaro, sur une petite éminence de la plaine, commandant les communications du littoral ; le fort Saint-Julien de Sopranis, sur un escarpement rocheux au bord de la mer, battant le littoral et concourant à la défense de la rade.

A l'ouest, il n'existe aucun ouvrage sur la rive droite de la Polcevera. On a étudié des projets pour l'occupation de la hauteur de la Coronata, à 2,000 mètres seulement de l'enceinte, mais il n'y a encore rien de commencé : pourtant l'artillerie de l'assiégeant, amenée de Sestri-Ponente sur ce point, lui permettrait de couvrir de feux le plateau du Belvédère et de bombarder le port.

Dans ses *Mémoires*, Napoléon déclare excellente la situation de Gênes au sommet de l'arc formé par l'Apennin Ligurien ; mais il ajoute que, pour en tirer tout le parti possible et ne pas s'y laisser enfermer, comme il advint à Masséna en 1800, il faudrait occuper la crête même des montagnes depuis Voltri jusqu'à la Sturla, en passant par les cols de Masone, de la Bocchetta, de Giovi et de la Scoffera. Il est question aujourd'hui, dans le but d'étendre l'action de la place de Gênes du côté de la plaine d'Alexandrie, de construire des ouvrages au col de Masone.

A l'ouest de Gênes, la bonne rade de Vado n'est défendue que par une ancienne batterie. La citadelle de Savone, entre le port et la mer, subsiste encore, mais n'a plus de valeur.

X

Après avoir décrit les divers théâtres d'opérations et nous être occupé de l'organisation défensive des deux côtés de la frontière, voyons quels avantages et quels inconvénients le réseau des chemins de fer italiens peut présenter pour le transport des troupes en cas de concentration dans le bassin du Pô.

Ce bassin du Pô est la partie de l'Italie la mieux desservie par les voies ferrées, ce qui n'est pas beaucoup dire ; malheureusement pour elle, l'Italie péninsulaire, beaucoup plus mal pourvue, se relie fort mal au réseau de la Haute-Italie.

Trois lignes distinctes traversent la péninsule dans toute sa longueur : celle du littoral de l'Adriatique, d'Otrante ou de Tarente à Ancône et à Rimini, puis de Rimini à Plaisance ; la ligne centrale, de Reggio à Bologne, où elle rejoint les voies ferrées du Pô ; celle du littoral de la Mer Tyrrénienne et du golfe de Gênes, de Naples à Vintimille, avec embranchements sur Alexandrie et Turin. Ces trois lignes communiquent par sept autres transversales.

Toutes ces lignes n'ont qu'une seule voie, et leur tracé est assez désavantageux au point de vue du transport des troupes en cas de guerre. Celles qui suivent le littoral de l'Adriatique ou celui de la Mer Tyrrhénienne seraient facilement interceptées si l'ennemi disposait d'une flotte capable de lutter avec la marine italienne, ce qui serait précisément le cas pour la France, malgré les puissants vaisseaux que possède aujourd'hui l'Italie. Par suite, la concentration des troupes de la péninsule sur le Pô ne pourrait plus se faire que par la ligne centrale, et celle-ci serait bien insuffisante, surtout si l'on observe qu'elle est à une voie et que les pentes au passage du col de la Porretta atteignent 25 millimètres par mètre, tandis que, pour une bonne exploitation, un chemin de fer devant servir aux transports de troupes ne devrait pas avoir de pente de plus de 12 millimètres. Les pentes de la ligne du col de Giovi, au nord de Gênes, sont de 35 millimètres. Ces lignes n'ont qu'un rendement moitié des lignes ordinaires à une voie; on y emploie des machines spéciales, les trains ne se composent que de treize voitures, et le transport de 60,000 hommes exigerait huit jours sur chacune d'elles. C'est pour remédier, en partie, à ces inconvénients que l'Italie a réuni dans les places du bassin du Pô la plus grande partie de ses troupes et du matériel de ses corps d'armée. Elle a aussi décidé la construction de deux nouvelles voies ferrées réunissant la Toscane et l'Emilie, l'une par le col de la Cisa, de Sarzane à Parme, l'autre de Pontassieve à Faenza. Enfin, Gênes va être rejointe à Acqui et à Asti par une nouvelle ligne passant par le col de Masone et par Ovada.

Dans le bassin du Pô, trois lignes principales, dirigées de l'est à l'ouest, pourraient être employées pour la concentration des troupes sur la frontière occidentale ou italo-française; ce sont:

1° La ligne Udine, Trévise, Vérone, Brescia, Milan, Turin;

2° La ligne Padoue, Este, Legnano, Mantoue, Crémone, Pavie, Alexandrie, Turin;

3° La ligne Bologne, Plaisance, Alexandrie, Cavallermaggiore.

Ces lignes sont rejointes par un grand nombre d'autres et détachent des tronçons vers les débouchés de presque toutes les vallées des Alpes. Le réseau de la Haute-Italie est donc très serré, à l'ouest surtout, et, bien que la ligne de Gênes à Turin soit presque la seule à deux voies, il se prête bien au transport rapide de troupes nombreuses.

En arrière de la frontière, la voie ferrée Ivrée-Turin-Coni forme une très bonne ligne de rocade. Vers la frontière autrichienne, par contre, le réseau est franchement détestable.

Les Italiens ont su mesurer l'étendue des lacunes existant dans l'organisation de leurs voies ferrées au point de vue militaire, et ils font de leur mieux pour les combler : mais il leur faudra encore un temps très long pour mettre le réseau italien en état de satisfaire à toutes les exigences de la guerre moderne. Dans l'état actuel des choses et d'après les calculs les plus optimistes, la concentration de l'armée active italienne dans le bassin du Pô exigerait quinze jours, si les lignes du littoral étaient libres, et vingt-cinq jours dans le cas contraire ; les réserves ne rejoindraient les portions actives aux points de concentration que dix jours plus tard. C'est là un résultat médiocre, sinon dangereux, en cas de déclaration de guerre subite et d'investissement immédiat.

Nous avons indiqué précédemment de quelle façon et dans quelles directions les voies ferrées venant de France traversent la frontière commune pour se relier aux trois lignes italiennes précitées du bassin du Pô. Rappelons sommairement ce détail topographique pour compléter ici le point de vue stratégique particulier de la question.

Ces voies sont :

1° La ligne internationale du mont Cenis, venant par le tunnel de Fréjus, de Modane, Saint-Jean-de-Maurienne, Chambéry et, plus en arrière, de Chambéry et de Lyon pour regagner Turin en longeant la vallée de Dora-Riparia. Nous avons dit que les forts de l'Esseillon la défendent du côté de la France, et celui d'Exilles du côté de l'Italie ;

2° La voie ferrée du col de Cadibone, conduisant de Savone à San-Guiseppe et de là bifurquant sur Turin et Alexandrie. Nous avons vu également que les forts d'Altare et de Vado défendaient ce débouché du côté de l'Italie, comme les ouvrages avancés du camp retranché de Nice le protègent du côté français ;

3° La voie ferrée de la Corniche, qui jouxte la voie de

terre sur presque tout son parcours, défendue par le camp de Nice précité du côté français et par le fort de Vintimille du côté italien. Inutile d'ajouter qu'elle conduit de Nice à Gênes.

Ce raccord fait, les précédentes observations que nous avons eues à formuler sur les passages stratégiques ordinaires de la frontière s'appliquent de tous points aux passages par voies ferrées de la même frontière. En les rapprochant, d'autre part, de celles que nous venons de résumer relativement aux lignes du bassin du Pô, nous aurons un ensemble complet, quoique sommaire, du rôle joué par les chemins de fer de chaque côté de la frontière franco-italienne. Il est tout à l'avantage de la France.

XI

La conclusion de cette étude de la frontière franco-italienne paraît maintenant se dégager nettement : tous les passages des Alpes peuvent être défendus par un petit nombre d'hommes, 30,000 à 40,000 au plus, de manière à interdire le passage pendant plusieurs mois aux armées les plus nombreuses. La seule route assez large pour une invasion en France est celle de la Corniche, et c'est assurément dans la région de Nice que se porterait l'effort principal des Italiens. Leurs colonnes s'avanceraient à la fois par le chemin du littoral et par celui du col de Tende, pendant que leurs bersaglieri chercheraient à se rendre maîtres du débouché de la Vésubie. Mais cette triple attaque converge forcément sur le camp retranché de Nice, dont le périmètre dépasse 30 kilomètres, non compris le front de mer. Un siège en règle seul pourrait déloger un simple corps de 20,000 hommes enfermés dans ce camp. De sorte qu'à la fin d'une grande guerre européenne le seul résultat obtenu par l'armée italienne serait véritablement d'avoir pris pied sur un lambeau de territoire dont les diplomates ne manqueraient pas, le cas échéant, de réclamer l'annexion avec l'autorité que donne le fait accompli. Si cette rectification de frontière tient tant à cœur à l'Italie qu'il faille un jour la compter au nombre de nos adversaires, c'est qu'elle s'illusionne singulièrement sur les appétits de l'Allemagne victorieuse, et le comté de Nice pourra lui coûter cher ; car la marine allemande, pour être quelque chose sur la Méditerranée, ne se contentera pas de Trieste : il lui faudra Venise. Dans tous les cas, et quoi qu'on pense de ces conjectures très vraisemblables, il est parfaitement exact que deux corps d'armée français tiendraient tête pendant un long temps aux efforts de l'Italie, de même que deux corps d'armée italiens arrêteraient facilement une invasion française. On peut donc dire que sur terre les deux nations n'ont rien à craindre l'une de l'autre; la guerre maritime sur le littoral devra donc se mêler au conflit, et, dans l'hypothèse particulière qui nous préoccupe, ce sera assurément son intervention qui fera pencher l'un ou l'autre plateau de la balance.

TABLE DES MATIÈRES

	Pages
I. — Comment les Italiens comprennent « l'Italie »	5
II. — L'unité de l'Italie et sa scission avec la France	7
III. — La frontière française n'est pas le point faible de la frontière géographique de l'Italie.	10
IV. — L'attaque et la défense des Alpes	12
V. — Passages stratégiques et fortifications de la frontière franco-italienne	15
VI. — Chemins muletiers complémentaires	26
VII. — De la valeur des ouvrages placés en des points obligés.	27
VIII. — La seconde ligne de défense de l'Italie au pied de sa frontière par Alexandrie et Casale	30
IX. — La seconde ligne de défense de l'Italie au pied de sa frontière par Gênes, Savone et Vado	33
X. — Réseau des chemins de fer de la frontière et Lignes ferrées du bassin du Pô.	37
XI. — Conclusion.	40

NOTA. — *Toute bonne carte récente de la France et de l'Italie suffit à l'intelligence du texte ; aussi a-t-on pu se dispenser d'en joindre une à cette étude.*

EMILE COLIN. — Imprimerie de Lagny.

www.ingramcontent.com/pod-product-compliance
Lightning Source LLC
Chambersburg PA
CBHW070659050426
42451CB00008B/427